Direitos autorais © 2022 Camila Carvalho

Todos os direitos reservados

Nenhuma parte deste livro pode ser reproduzida ou armazenada em um sistema de recuperação, ou transmitida de qualquer forma ou por qualquer meio, eletrônico, mecânico, fotocópia, gravação ou outro, sem a permissão expressa por escrito da autora.

ISBN: 9798815792098

INTRODUÇÃO

Você é um jovem em **início de carreira** e que não sabe bem como direcionar seus esforços para progredir? Tem problemas para se **organizar** e está sempre sufocado pelas tarefas do dia a dia? Está inseguro sobre qual a melhor forma de se **comunicar** com seus colegas? Fica nervoso só de pensar nos **problemas** que encontrará no trabalho?

Aqui, você encontrará dicas úteis de como superar esses obstáculos e se tornar um profissional com quem todo mundo quer trabalhar. Abaixo, segue um resumo dos próximos capítulos:

1. **Organização:** Como gerenciar seu tempo e priorizar suas tarefas.

2. **Comunicação**: Afinal, você precisa se comunicar bem independentemente do tipo de trabalho que exerça.

3. **Resolução de problemas:** O motivo de você estar no cargo que ocupa é porque a sua empresa espera que você seja capaz de encontrar soluções para os problemas dela. Mas será que é isso mesmo que você

anda fazendo?

4. **Desenvolvimento de competências e habilidades:** Ora, o que você acha? Que se você esperar pacientemente a empresa vai reconhecer que você é um bom profissional e lhe dar uma promoção, assim, do nada? Ou que você deve mostrar o quanto é bom? No capítulo final, você verá como pode obter as competências e habilidades necessárias para prosperar na sua carreira.

Vamos começar entendendo porque **organização** é uma das qualidades mais importantes que você deve ter no seu trabalho.

1 – ORGANIZAÇÃO

A arte de procrastinar

Vamos começar falando sobre **procrastinação**, que é o ato de **adiar uma situação** para ser **resolvida depois**. E, como você já deve saber, é algo extremamente comum no **ambiente de trabalho**.

Normalmente, temos alguma coisa muito **importante** para fazer e ficamos adiando até não poder mais. E para ser um bom profissional, é imprescindível que entreguemos aquilo pelo que estamos sendo pagos para fazer. Ou você contrataria alguém que nunca conclui nada e só faz a empresa perder o tempo?

Procrastinar é algo que todo mundo faz em maior ou menor escala. Mas afinal, por que procrastinamos tanto? Por que simplesmente não fazemos as coisas que temos que fazer? Você já deve ter experimentado esse sentimento. Quando você está no trabalho e tem uma tarefa importante, as horas se arrastam e você não consegue sequer dar o primeiro passo. Sempre aparece algo para tirar sua atenção.

Vamos apresentar três motivos pelos quais você pode estar procrastinando suas tarefas:

1. **Medo do fracasso**. Muitas vezes, não damos início a alguma atividade por medo de não conseguir executá-la da forma correta. Ou até por medo de que aquilo nem seja a coisa certa a fazer no momento. Como receamos ter um retrabalho depois, então resolvemos fazer tudo de última hora para justificar para nós mesmos que não tivemos tempo suficiente e que, por conta disso, a qualidade do trabalho não está tão boa quanto o esperado.

   E veja bem, isso não é um problema de caráter. Isso é fruto de uma cultura que nos ensina desde cedo que **falhar é errado**. Ficamos esperando acertar desde a primeira vez e nem conseguimos começar nada por conta desse perfeccionismo.

2. **Medo do compromisso.** É quando acontece uma espécie de autossabotagem. Você espera o máximo de tempo possível e depois faz tudo de uma vez só de maneira bem atrapalhada, já sabendo que não está entregando um serviço de qualidade e então, outra pessoa precisa consertar o que você fez.
   Assim, na próxima vez que a empresa precisar desse serviço de novo, com certeza não pedirá para você fazer, pois você não é confiável e alguém terá que refazer tudo depois. No curto prazo, você fica livre daquele **compromisso**, mas isso acaba sendo péssimo para a sua reputação, pois seus colegas e seu chefe passarão

a não confiar em você e isso pode por em risco sua continuidade na empresa.

3. **Medo do sucesso**. Pessoas que têm medo do sucesso, ficam procrastinando, sabendo que poderiam executar um trabalho melhor se utilizassem todo tempo disponível, em vez de deixar tudo para última hora. Muitas vezes, elas já se decepcionaram por não se sentirem reconhecidas por um trabalho bem feito. E então, elas ficam com aquela ideia de que não adianta ser eficiente se não há uma recompensa por isso.

O que também pode acontecer é a pessoa executar um trabalho bem feito e pensar que vão começar a exigir dela esse nível de qualidade para tudo o que ela fizer a partir daí. Mas veja bem, isso não seria algo ruim, pois quer dizer que você está evoluindo. Que aos poucos, você poderá assumir mais responsabilidades e progredir na sua carreira.

No entanto, é natural ter medo, porque todo **progresso** envolve **mudança**. E nós, naturalmente temos medo de mudanças, pois por pior que algo esteja, estamos acostumados com a nossa situação atual. Mas não se limite por esse tipo de pensamento, afinal você pode ser muito mais do que é hoje.

Certo, você entendeu alguns motivos para a procrastinação. E agora, o que fazer para lidar com isso? Se você não consegue começar alguma coisa, a dica é muito simples. Tão simples que você não vai nem acreditar: **Apenas comece**.

Não espere ter **motivação**. A gente se confunde achando que precisa esperar a **inspiração** bater para poder realizar alguma coisa, mas pode ser justamente o contrário. Se você precisa fazer algo e não sabe por onde começar, o melhor que pode fazer é **começar**.

Se, por exemplo, você tem um relatório para redigir, comece digitando algumas frases soltas, mas tenha em mente que essa não será a versão final do documento. Assim que você iniciar, verá que já existe algo pronto na sua cabeça, mas que não necessariamente será a introdução daquele relatório. Faça o meio, o fim e depois o início se for preciso. Vá mudando e alterando as partes que você não gostou. **Revise** até estar satisfeito. À primeira vista, pode soar como **retrabalho**, mas não é bem assim. Na verdade, você estará criando uma versão inicial que irá melhorar e evoluir até estar num padrão de qualidade que lhe deixe confortável.

É muito melhor fazer dessa forma, porque assim você dá um empurrão para a sua criatividade agir. Quando você estiver relendo as coisas que escreveu, seu senso crítico sentirá o impulso de corrigir o que não está tão bom e você se sentirá muito mais empolgado para dar continuidade ao trabalho, já que, pelo menos, já consegue ver algum progresso na atividade.

E cá para nós, essa sensação é muito melhor do que ficar parado, olhando para o teto, esperando a inspiração bater e no final do dia ter que entregar algo feito de qualquer jeito.

Experimente fazer assim. Você se sentirá muito mais leve e **motivado**.

A seguir, vamos fazer um pequeno **exercício** para refletir um pouco sobre o que estamos procrastinando no momento. Em seguida, vamos falar sobre a diferença entre tarefas **importantes** e **urgentes**.

Tarefa: O que estou procrastinando?

*Há alguma **atividade** ou **projeto** que você deveria estar fazendo no seu trabalho (ou mesmo na sua vida pessoal) e você não consegue sequer **começar** a fazer? Qual?*

***

Além de identificar **o que** você está procrastinando, é importante tentar encontrar o **motivo** pelo qual você está adiando o que precisa fazer.

É medo do fracasso, do sucesso ou do compromisso?

Pense nisso e depois tente **começar** de uma vez, **planejando** as etapas do processo. Divida a atividade em partes menores para que você não se sinta intimidado com o tamanho do trabalho. Ao fazer por etapas, você conseguirá visualizar melhor seu **progresso**.

Importante x Urgente

Temos o costume de focar mais em **"apagar incêndios"** do que em executar as tarefas que são realmente **importantes** e que fazem diferença no longo prazo. É mais fácil se ocupar com coisas pequenas que aparentemente têm que ser resolvidas naquele instante, enquanto nos esquecemos de reservar tempo para lidar com itens que não terão impacto negativo **imediato**, mas que precisarão ser feitos mais cedo ou mais tarde. Assim, vamos deixando para lá as atividades de **maior complexidade** porque sabemos que elas nos tomarão mais **tempo**. Só que eventualmente vamos ser cobrados por elas e isso vai nos deixando esgotados, porque sentimos o tempo passar e nossa ansiedade aumentar.

Um fator que contribui para esse problema é que, muitas vezes, nem sabemos distinguir o que é **importante** do que é **urgente**. Para melhorar sua percepção, tente **priorizar** suas atividades levando em consideração suas possíveis **consequências** caso elas não sejam executadas. Ou seja, na hora de escolher o que você vai dar preferência para fazer primeiro, pense o seguinte: *O que aconteceria se a atividade A deixasse de ser feita? E a* *atividade B?* Agora, compare suas possíveis consequências. A que tiver a consequência mais grave deverá ser priorizada. Só tome cuidado, porque ainda assim, você pode correr o risco de só ficar apagando incêndios. Por isso, é interessante também, parar de vez em quando para **refletir** sobre a própria natureza das **atividades** do seu trabalho. Às vezes estamos tão acostumados a executar certa atividade de certa maneira todos os dias, que não paramos para pensar se existe outra forma de fazer aquilo de maneira mais rápida e que otimize nosso tempo.

Note também que isso é um efeito da nossa **cultura**. Quando fazíamos uma prova na escola, por exemplo, o recomendado era que fizéssemos primeiro as questões mais fáceis e deixássemos as mais difíceis para o final. Isso nos acostumou a postergar tarefas mais complexas por conta de uma suposta falta de tempo. Mas na vida profissional não podemos deixar de fazer o que não deu tempo e ficar por isso mesmo. Se seu tempo for mesmo escasso (e quase sempre é), então você precisa escolher as atividades que agreguem mais valor à empresa. O problema é que temos a tendência de escolher o que é mais **fácil** e **imediato**.

Sendo assim, tente reservar um período no início do dia só para as atividades mais **importantes** e **complexas**, que exigem maior concentração. Dessa forma, você estará com a mente mais descansada para poder trabalhar com maior tranquilidade e de maneira até mais criativa. Deixe o resto do dia para fazer atividades mais **mecânicas**, que não exigem muito raciocínio, mas que precisam ser executadas mesmo assim.

Gerenciando seu tempo

Se no seu trabalho, você tem certa **autonomia** para gerenciar sua rotina, é provável que algumas vezes você sinta que seu tempo não dá para nada. Caso você seja daquelas pessoas que utilizam **agenda**, mesmo assim talvez não consiga cumprir tudo o que planejou e se sinta frustrado ao final do dia. Por outro lado, se você nem sequer tem o costume de **planejar** o que pretende fazer, imagino que tenha ainda mais dificuldade em concluir suas atividades. O dia a dia no trabalho pode ser muito estressante e isso só piora se você não tiver um mínimo de organização. E o que você pode fazer quanto a isso?

Primeiramente, você precisa escolher uma ferramenta para elencar suas atividades diárias e **registrar** quando cumpri-las. Pode ser um caderno, uma agenda, um aplicativo no celular ou mesmo uma planilha eletrônica. Mas tem que ser algo conveniente para você. Por exemplo, não adianta adotar um caderno se você trabalha em pé na maior parte do dia e tem que ficar carregando esse peso para lá e para cá. Também não funciona instalar um aplicativo, se a sua empresa não permite a utilização de celular no horário de trabalho.

No entanto, se você trabalha o dia todo utilizando o computador, você poderia deixar uma planilha eletrônica aberta enquanto executa suas atividades. O importante é que você utilize qualquer uma dessas ferramentas, contanto que ela esteja de acordo com a sua realidade. Isso porque o seu cérebro foi feito para **processar informações** e não para ter que ficar se lembrando das coisas. Se você tiver que trabalhar e se lembrar do que ainda tem para fazer, você não fará nem uma coisa, nem outra. É simplesmente um desperdício da sua capacidade mental. Então, se você tem algum preconceito com agenda, está na hora de rever isso aí, hein?

Veja algumas dicas de como se organizar melhor:

Faça uma **agenda semanal**. Você pode elaborá-la na sexta-feira da semana anterior e quando chegar na segunda, você faz apenas uma **revisão** para saber se vai incluir ou excluir algum item naquele dia. É importante deixar toda a semana organizada, em vez de planejar apenas um dia por vez. Isso lhe dará uma boa visão do que você tem que cumprir nos próximos dias e caso as coisas mudem, você poderá ir fazendo **ajustes**.

Lembre-se também de **priorizar**. Lembra das atividades importantes e urgentes? Tente sempre fazer as atividades importantes no início do dia para aproveitar que seu cérebro está bem descansado. E nada de preencher o dia todo com atividades. Coloque uma quantidade boa de tarefas, mas deixe espaço para **imprevistos**, pois sempre acontece algo inesperado que suga o seu tempo. Seja um telefonema, uma reunião não planejada e toda sorte de coisas.

Como regra, pense em preencher sua agenda como se fosse trabalhar apenas **metade do seu turno**. Se, por exemplo, você trabalha 8 horas por dia, coloque atividades que você estima que levarão no máximo 4 horas para serem concluídas. Isso lhe dará uma folga para o caso de alguma atividade se estender mais do que o previsto, e você precise de mais tempo. Além disso, você conseguirá lidar com os problemas que aparecem, sem que isso prejudique seu cronograma.

E por fim, intercale atividades fáceis entre as difíceis. O que eu quero dizer com isso é que se você vai ficar das 8:00 às 9:00 executando uma atividade importante e complexa, a partir das 9:00, é importante que você faça algo mais mecânico, que não precise forçar muito o seu cérebro. Em seguida, volte para a atividade anterior. Isso lhe proporcionará um pouco de relaxamento, mas sem aquela sensação de culpa, por pensar que está enrolando no trabalho.

É importante intercalar as atividades, pois quando as

pessoas conseguem entrar num **fluxo** e passar horas trabalhando em algo muito difícil, elas ficam tão esgotadas em seguida que não conseguem trabalhar em mais nada. Resultado: saem para tomar um cafezinho e só retomam a atividade no dia seguinte. Então, sempre que sentir que a sua cabeça começou a esquentar, alterne para algo mais tranquilo e depois você retoma o ritmo, ok?

E mais uma coisa: **registre** que você concluiu a atividade. Seja riscando-a na agenda ou colocando um marcador ao lado. Parece bobagem, mas isso serve como uma pequena **recompensa** e faz você se sentir mais **motivado** para dar continuidade ao trabalho.

Resumo

Nesse capítulo, vimos três motivos que podem ser responsáveis pela nossa procrastinação: O **medo do fracasso**, o **medo do compromisso** e o **medo do sucesso**.

Vimos que se você precisa fazer algo e não sabe por onde começar, o melhor que você pode fazer é simplesmente começar. A **ação** pode vir antes da **motivação**. *Aja e sinta-se motivado.*

Também vimos que precisamos distinguir entre atividades **importantes** e **urgentes**, dando preferência à execução das atividades mais importantes e complexas logo no início do dia.

Por fim, precisamos ter nossa **agenda** semanal organizada e priorizada, mas deixando tempo livre para lidar com **imprevistos**.

Agora que você já tem noção de como se **organizar** melhor no seu trabalho, veremos como você pode melhorar sua **comunicação**.

2 – COMUNICAÇÃO

Nesse capítulo, vamos começar falando sobre os principais **meios de comunicação** no trabalho. Em seguida, falaremos sobre alguns **erros** que você pode estar cometendo na hora de se comunicar. E por fim, vamos entender a importância de **observar e escutar**.

Meios de comunicação no trabalho

Para ser um bom **comunicador**, você precisa entender que existem diversas formas de se comunicar. E cada uma delas tem sua **utilidade** de acordo com o momento e de acordo com a pessoa com quem você quer falar. Os meios de comunicação mais comuns hoje em dia são: **Telefone, E-mail, Whatsapp/Telegram** e, obviamente, a comunicação **ao vivo**.

É interessante observar que deve existir uma relação entre

a **urgência** do assunto a ser tratado e o meio de comunicação a ser empregado.

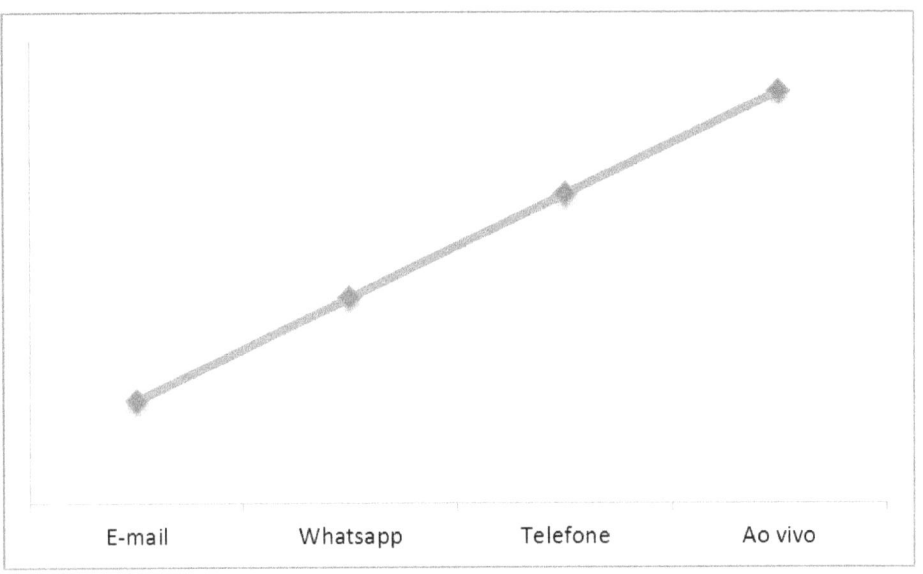

Se, por exemplo, existe um assunto que você precisar tratar e que não necessita de uma resposta imediata, ou se você só está **repassando uma informação** apenas para que alguém tome conhecimento, então um **e-mail** é mais que suficiente. Além disso, o e-mail possui a vantagem de manter o registro da conversa, caso você precise retomar o assunto no futuro. Da mesma forma, você também pode se comunicar por **cartas**, **ofícios**, **memorandos** e outros. Todos esses meios de comunicação são utilizados quando precisamos tratar das coisas com maior **formalidade**.

No entanto, se você estiver com um pouco mais de **pressa**, pode utilizar o **Whatsapp**. E quando digo Whatsapp, é porque hoje em dia esse o aplicativo mais popular do mercado que realiza esse tipo de função. Pode ser que você utilize outros, tais como: Telegram, Discord, Slack, etc. Observe que diferentemente do e-mail, você consegue falar pelo Whatsapp praticamente em tempo real, se você estiver enviando mensagens de texto ou mensagens de áudio. Além disso, ele também tem a função de fazer chamadas de áudio ou de vídeo. Sendo assim, você pode se comunicar com seu interlocutor tal como se estivesse ao telefone.

O importante é que as **regras** para utilização desse aplicativo estejam bem claras na empresa. Para começar, tem empresa que aprova e tem empresa que não, já que no Whatsapp, você pode estar tanto resolvendo pendências acerca do seu trabalho quanto enviando piadas no grupo da família sem ninguém nem saber. E as regras devem valer para ambos os lados, pois é preciso também estabelecer **limites** para a empresa. Você não deveria, por exemplo, ser advertido porque não visualizou uma mensagem que seu chefe mandou fora do horário de expediente. Além disso, a utilização do Whatsapp meio que força as pessoas a estarem sempre conectadas. E quando elas estão sempre conectadas, elas podem perder produtividade por falta de concentração. Então, ele é uma boa ferramenta de comunicação e até mais ágil que o e-mail, mas se não tivermos cuidado, pode contribuir para aumentar o estresse.

Em seguida, temos o **telefone**. E por telefone, também incluo obviamente o celular, ou seja, ligações em geral. O telefone é ideal para quando precisamos de uma **resposta naquele instante**. No entanto, tente não ligar para as pessoas se o assunto não for realmente importante e urgente. Em geral, ninguém gosta de ser incomodado com ligações, mas há situações que só um telefonema resolve.

Por fim, temos a conversa **ao vivo**. E conversar com as pessoas ao vivo é muito importante, principalmente porque andamos muito desconectados uns dos outros. Quando a pessoa está na sua frente, você não apenas **ouve** o que ela tem a dizer, mas consegue captar os **gestos** que ela faz, **olhá-la nos olhos**, ver coisas que ela não está dizendo apenas com palavras. Sempre que possível, prefira esta forma de comunicação, pois pessoalmente é mais fácil se fazer entender e você ainda consegue se conectar melhor com o seu interlocutor.

O problema é que muitas vezes não utilizarmos o meio de comunicação de acordo com o que a situação exige. Ora por vergonha, ora porque não querermos lidar de fato com o problema. Já é tão comum nos comunicarmos indiretamente, por meio das redes sociais, que as pessoas estão começando a se sentir intimidadas ao ter que falar ao vivo com alguém, por mais que isso seja necessário. Você deve conhecer alguém que, por exemplo, morre de **ansiedade** só de ouvir um telefone tocando e que não consegue nem sequer ligar para marcar uma consulta médica. Por outro lado, essa mesma pessoa, pode conseguir se expressar muito bem por meio do Facebook, Twitter, Instagram, mas se for para falar por telefone com alguém, ela já entra em pânico.

E aí, o que fazer nesse caso? Como a gente supera essa **timidez moderna**? Vamos tratar disso ainda nesse capítulo, mas primeiro, vamos falar sobre o que não fazer na hora de se comunicar com alguém.

A forma errada de se comunicar

Pode parecer exagero, mas se **comunicar** bem resolve uma boa parte dos seus problemas. E da mesma forma, se comunicar mal pode dificultar bastante a sua vida. Existem diversas formas de cometer **falhas** na comunicação. É mais fácil errar do que acertar nesse sentido. Então, vamos atentar aqui para três **erros** que você pode evitar a partir de agora.

Vamos lá. Eu sei que você não quer ouvir isso, mas se o seu **português** não está legal, é hora de dar uma melhorada. É um tanto constrangedor quando alguém encontra erros de português na nossa escrita, além do risco de **comprometer a informação** que queremos passar. Se já é difícil seguir instruções quando alguém escreve tudo certinho, imagine quando você nem consegue entender o que a pessoa quis dizer. Quando escrevemos bem, conseguimos até falar melhor. E hoje em dia, temos muitas formas de melhorar nosso português e até de forma **gratuita**. Você pode: ver vídeos no Youtube, ler blogs, revistas, livros. Até estudar por aplicativos para smartphone.

Uma observação: Você pode falar **informalmente** se a pessoa com quem você estiver tratando também falar informalmente com você. Mas se for uma comunicação formal, preze pela forma padrão do português, ok? Tudo depende do seu interlocutor e do propósito da mensagem. Este livro, por exemplo, preza por uma linguagem mais simples e informal, pois o objetivo é facilitar a compreensão da mensagem.

Eu sei que estudar **gramática e ortografia** pode ser muito chato porque a forma como você aprendeu na escola pode ter sido meio entediante, então que tal começar fazendo a seguinte pesquisa no Google: "Quais são os principais erros de português?". Você encontrará uma série de artigos, alguns com uma linguagem até bem simples. Pode ser mais fácil dessa forma porque você ficará curioso para saber se comete alguns desses erros, ou se já domina bem os itens da lista.

Além do mais, quando você tiver qualquer dúvida ao escrever um texto, não hesite em **pesquisar** se você está escrevendo-o corretamente. Praticamente ninguém repara quando a gente escreve bem, mas basta um errinho e todo mundo já sai falando. Mas que fique bem claro que você não precisa empregar palavras difíceis, nem utilizar normas rebuscadas. Basta se comunicar de forma que seu interlocutor entenda.

Certo, e o que mais pode dar errado na nossa comunicação?

Já ouviu falar de **postura defensiva**? Quando você tenta argumentar com uma pessoa e ela acredita que está sendo atacada? Ela lhe interrompe, não lhe ouve e não importa o que você faça essa pessoa só acredita que está certa. Pois bem, todo mundo é culpado de já ter se portado assim pelo menos uma vez. Por isso, é importante que você sempre procure, em vez disso, adotar uma **postura de aprendizagem**.

Entenda que mesmo que você acredite estar certo, você precisa **ouvir a opinião** dos outros porque eles podem contribuir para melhorar a sua ideia inicial. Não se agarre aos seus **argumentos** como se eles fossem parte de você. Porque dessa forma, você encarará tudo como uma ofensa. Tenha humildade. Ganhar uma discussão, não faz você melhor que ninguém, ainda mais se você ganhar à força. Isso porque quando você ganha uma discussão à força, ninguém realmente faz o que você diz porque está convencido do que você disse. As pessoas podem fazer o que você quer só por estar **cansadas** de discutir. Então, na hora de argumentar, pense no problema que vocês querem resolver em **conjunto** e não em ganhar um troféu por ser o "mestre" da discussão.

Outro problema que acontece em todas as empresas é a **fofoca**. E nem adianta esconder porque eu sei que você já fofocou. Todo mundo, sem exceção, já fez isso. Mas a partir de agora, vamos segurar nossa língua. E sabe por quê? Porque a fofoca não traz benefício algum para o ambiente de trabalho. Ela só colabora para aumentar a **insegurança** das pessoas e criar **animosidade**. Se você tem algo a dizer, ou alguma dúvida sobre a situação da empresa, chame a pessoa responsável pela informação para uma conversa em particular. Não fique falando das pessoas pelas costas, por mais que você sinta aquele impulso de querer **socializar** com seus colegas. Se você estiver numa roda e as pessoas derem início à fofoca, diga que você não acha isso certo e caso você não tenha coragem de dizer, apenas levante-se e saia. Eu sei que é muito difícil resistir à fofoca, porque nós adoramos ouvir histórias. E se forem **histórias** sobre coisas que nós não deveríamos estar comentando, melhor ainda. No entanto, se você parar para pensar um pouquinho, perceberá que nada de bom sairá dali.

Há muitos **erros** que podem comprometer a **comunicação**, além dos já mencionados aqui. Portanto, esteja sempre atento ao seu comportamento na hora de interagir com alguém.

Observar e escutar

Você sabe por que o título desta seção não é **olhar** e **ouvir**? Porque essas palavras só remetem aos nossos sentidos e a aquilo que nossos olhos e ouvidos captam. No entanto, você pode muito bem estar olhando e ouvindo alguma coisa, sem estar **vendo** e **escutando** de fato.

Observar é olhar com **atenção**. É realmente perceber algo, tal como escutar é entender o que está sendo captado pela audição, e conseguir processar essa informação internamente. Para conseguir estabelecer uma boa comunicação, você precisa estar **presente**. E não falo necessariamente de uma presença física, mas que você precisa estar pronto para estar disponível ao seu interlocutor. Afinal, não adianta aceitar conversar com alguém, se você ficar o tempo todo mexendo no seu celular.

Ser capaz de observar e escutar são habilidades que você pode utilizar tanto no seu trabalho, quanto na sua vida pessoal. É importante manter olhos e ouvidos atentos. Inicialmente, é até mais crucial do que saber falar bem, visto que, para passar uma boa mensagem, é preciso entender o que as pessoas esperam de você. E para isso, você precisa aprender a ouvi-las.

Imagine, por exemplo, que você acabou de começar num emprego novo. O que você deve fazer? Primeiro, **observe** o ambiente antes de sequer proferir opiniões.

É comum as pessoas já chegarem apontando defeitos, naquela ânsia de querer mostrar serviço, mas se você chegar cheio de **críticas** cedo demais, talvez as pessoas pensem que como você é novato, ainda não sabe de nada (mesmo que você esteja correto em suas observações).

Dê um tempo e observe o comportamento das pessoas e como é a cultura do lugar. Não existe um prazo determinado até você poder emitir opiniões. Na verdade, não é como se você não pudesse falar, mas antes de chegar propondo soluções para problemas que ninguém está vendo, faça **perguntas**. Demonstre interesse genuíno em saber o que as pessoas pensam. Se algo parece estranho ou errado para você, questione. Se não lhe responderem de maneira satisfatória, pergunte a outra pessoa. Às vezes, só o fato de você perguntar algo a alguém já faz a pessoa também se questionar sobre o assunto. Talvez ela nunca tenha sequer parado para pensar a respeito.

Quando você for falar com alguém, preste atenção de verdade ao que essa pessoa tem a dizer. Observe seus **gestos**, sua **postura**, veja se há algo que ela não está dizendo com palavras. Tome cuidado, pois é muito fácil acharmos que o que nós temos a dizer é mais importante do que os outros têm a dizer. Já notou que, às vezes, parece que estamos em uma competição para ver quem fala mais e ninguém está realmente escutando ninguém? A verdade é que as pessoas adoram falar quando encontram um bom ouvinte e isso também vale para nós. Por isso, dê oportunidade para que os outros também sejam ouvidos e apreciados.

E para as pessoas **tímidas** que não conseguem nem atender ao telefone sem ficar paralisadas de medo, pense que essa pode ser uma ótima tática para lidar com a timidez. Você não precisa se preocupar tanto em falar se você estiver disposto a **ouvir**. O problema é que pessoas tímidas têm medo até de um contato inicial. Elas ficam tensas imaginando se terão assunto para falar com alguém que elas não conhecem, ou se prevalecerá um silêncio constrangedor. Por outro lado, quando elas dão abertura para que alguém se aproxime, essas mesmas pessoas tímidas se tornam extremamente **falantes**. Ou seja, basta que elas se sintam à vontade num ambiente seguro.

Ok, mas como se sentir seguro falando com meros conhecidos? Como se dirigir a colegas de trabalho que passam todo dia por você e que você só conhece pelo nome e olhe lá? Aqui vai outra dica bem simples. Sempre que passar pelas pessoas, **cumprimente**-as primeiro. Não espere para ver se vão lhe dar bom dia para só então responder. Esse tipo de tensão faz parte da vida das pessoas tímidas. Então, não viva nesse sofrimento, nessa expectativa. Quando estiver passando pertinho da pessoa, dê um bom dia em alto e bom som e com um sorriso enorme no rosto. Sorria de verdade, para que a pessoa saiba que você realmente está lhe desejando um bom dia. Faça esse teste quando estiver no trabalho. Você vai se surpreender com a quantidade de pessoas que chegam com uma cara super séria, e como o seu sorriso e o seu cumprimento conseguem desarmar essa expressão.

Pode ser até que com o tempo, você escute as pessoas dizerem "Nossa eu achava que você era chato, mas você é tão legal. Acho que é porque eu sempre lhe via muito sério".

Certo, e se você não estiver andando e sim sentado perto da pessoa e estiver com medo de cumprimentá-la por não souber o que falar depois? Não se preocupe, dê o seu bom dia e se a pessoa for falante ela vai puxar algum assunto com você. E se ela estiver falando sobre algo que você não conhece bem, não se preocupe, apenas ouça até encontrar algo que lhe faça querer emitir uma opinião, ou mesmo, faça perguntas para se informar a respeito. As pessoas adoram ensinar algo a alguém. Uma vez que a tensão do primeiro contato passar, você conseguirá relaxar e se comunicar normalmente.

E se você der bom dia e passarem-se alguns segundos e a pessoa não falar nada? Não tem problema, vá cuidar da sua vida.

Mas só o fato de você abrir um sorriso, pode tê-la deixado mais propensa a falar com você depois. Tenha paciência, afinal, você pode estar lidando com alguém tão tímido quanto você.

Resumo

Falamos sobre os principais meios de comunicação no trabalho e da relação entre a **urgência** do assunto e o **meio de comunicação** a ser empregado.

Vimos alguns dos problemas que podem comprometer uma boa comunicação, tais como: **erros de português**, **postura defensiva** e **fofoca no trabalho**.

Por fim, falamos sobre a importância de aprender a **observar** e **escutar** e de demonstrar **interesse** no que o nosso interlocutor está dizendo.

Agora que você já tem noção de como se comunicar melhor, veremos como podemos nos tornar bons **solucionadores** de problemas. E atenção, pois essa é uma habilidade muito valorizada em qualquer emprego.

3- RESOLUÇÃO DE PROBLEMAS

Nesse capítulo, veremos que cada um **reage** de uma forma diferente quando se depara com um problema. E que existem pelos menos cinco formas de reação de acordo com o seu perfil.

Os 5 perfis de reação aos problemas

Problemas fazem parte da vida e podem nos causar muita **ansiedade**. Para aprender a lidar com eles, precisamos entender como nós reagimos ao nos depararmos com um. Sim, porque o mesmo problema pode ser encarado de diferentes formas de acordo com a **perspectiva** da pessoa que tenta resolvê-lo. Existem pelo menos cinco perfis: O Negador, o Caçador de culpados, o Mártir, o Apontador e o Solucionador. Vamos ver cada um deles.

Negador

O **Negador** é aquele que nega que existe um problema ou até acredita que ele existe, mas deliberadamente o omite. Ele tentará de tudo para empurrar a situação para debaixo do tapete. E caso seja descoberto, vai fingir que não sabia de nada ou que outra pessoa era o real responsável.

Se você se encaixa nesse perfil, perceba que é muito menos desgastante **lidar logo** com um problema antes que ele cresça. Porque acredite, ele vai crescer. E ele não vai simplesmente desaparecer, por mais que você torça por isso. Se for algo que você considera muito **desafiador**, não tenha vergonha de pedir ajuda. Afinal, ninguém nasce sabendo de tudo não é?

Caçador de culpados

Esse aqui pode até admitir a existência de um problema, mas fica procurando culpados em vez de soluções. E quem não conhece alguém assim? O Caçador de culpados pensa que ao **nomear um responsável** o problema não terá mais nada a ver com ele. Mas ele não percebe que uma vez que a situação foi criada, não importa de quem foi a culpa, o importante é que ela precisa ser resolvida.

Se você se encaixa nesse perfil, tente ter **empatia** pelas pessoas. Na maioria das vezes, ninguém vai cometer um erro porque quis, mas por falta de experiência, ou falha na comunicação. Então, aquela pessoa já pode estar se sentindo muito mal e você só piorará a situação ao apontar o dedo para ela. Em vez disso, colabore para promover uma **solução**, mesmo que não seja de sua responsabilidade direta ou mesmo que seja um problema que aconteceu em outro setor. Se tiver algo que você possa fazer para ajudar, então faça de bom grado. Lembre-se: a empresa precisa que todos os seus setores estejam funcionando bem e não apenas o seu.

Mártir

O **Mártir** é aquele tipo de pessoa que assume toda a culpa para si, mas que não consegue ter iniciativa para resolver alguma coisa de fato. Além disso, os mártires não delegam, não pedem ajuda, eles apenas **se preocupam**, mas não tomam qualquer ação. As vezes, até pedem socorro, mas só quando a situação está por um triz.

Se você se identificou com esse perfil, tente ver as coisas

com um pouco mais de **objetividade**. Nem todo problema é o fim do mundo. Tente parar por alguns minutos para pensar numa solução. E claro, se for algo complicado demais para resolver sozinho, peça ajuda. Talvez, você só esteja precisando de uma **orientação** ou de um direcionamento adequado.

Apontador

O **Apontador** é aquele que é muito bom em **identificar problemas** e encaminhá-los ao seu superior. No entanto, isso só resolve parte da situação já que o Apontador deixa para o seu chefe a responsabilidade de ter que pensar em como resolver aquele problema que ele identificou.

Se você acha que se encaixa nesse perfil, isso é bom porque você já se encontra a meio caminho de se tornar um Solucionador.

Solucionador

O Solucionador é aquele que além de mostrar o problema, aponta possíveis soluções. Em vez de dizer apenas "Estamos com um problema", ele diz "Estamos com um problema, mas é possível resolvê-lo da maneira A ou B". Se você tiver autonomia suficiente a ponto de você mesmo poder implementar a solução mais adequada, melhor. *Esse é o tipo de profissional que toda empresa quer ter*. Isso é ser **proativo**. Ou seja, não espere que as coisas se resolvam sozinhas, não empurre esse fardo para ninguém e nem o tome para si. Aja de maneira objetiva, **analise** o problema e encontre uma solução. E se for possível, resolva sem nem precisar incomodar alguém.

Seja um solucionador

Para ser um Solucionador, você precisa aprender a **resolver problemas**. E o primeiro passo para resolver um problema é descobrir tudo o que for possível sobre ele. Não adianta tentar resolver uma situação se você não faz ideia do que se trata. Normalmente, as pessoas aceitam um desafio sem saber de mais **informações**, apenas para não parecerem ignorantes. Todos nós temos certo medo de ser julgados. Então, é comum não perguntarmos quando temos dúvidas por pura vergonha. E se tem uma coisa que eu vou repetir até você internalizar é: **Pergunte. Pergunte sempre**.

Sabe nos filmes quando algo dá errado? Quando acontece algum mal-entendido? Pois é, provavelmente foi porque alguém não fez as perguntas que deveria ter feito. Não deixe que isso aconteça com você. Falhas na comunicação são muito desgastantes e ocasionam **gastos** que poderiam ser evitados se as pessoas se sentissem mais seguras para falar no ambiente de trabalho. Então, repetindo, o primeiro passo para resolver um problema é: Saiba tudo o que puder sobre ele. E como você vai faz isso? Perguntando. E, também pesquisando por conta própria, claro. Afinal, a internet está aí para isso.

Só tome cuidado para não se estender demais nessa etapa e acabar se perdendo. Avalie quanto de planejamento um problema requer para ser resolvido. Coisas mais simples vão levar menos tempo de pesquisa e coisas mais complexas, mais tempo, ok? Depois de entender o problema você pensará nas possíveis soluções e nas **consequências** de cada uma delas.

Por exemplo, imagine que você tem um **cliente insatisfeito** na sua loja. Você primeiro conversa com ele para entender por que ele está descontente e, em seguida, tenta propor uma solução. O cliente diz não estar feliz com o produto que adquiriu, pois ao chegar em casa viu que não era aquilo que ele precisava. Mas, como teve que viajar no dia seguinte, não teve tempo de vir à loja no prazo estipulado para devolução. Você então vislumbra algumas possibilidades:

1) Ora, você entende que a loja não tem exatamente a obrigação legal de receber aquele produto e devolver o dinheiro ao cliente. Sim, você pode simplesmente dizer ao cliente que

a culpa não é sua e que não pode fazer nada por ele. A consequência dessa solução é que ele ficará chateado e provavelmente não comprará mais na sua loja.

2) Você também pode aceitar o produto de volta e devolver o dinheiro ao cliente. No entanto, trata-se de um produto que depois de aberta a embalagem, perde muito o valor de mercado, então você precisaria vendê-lo por um preço menor. Em contrapartida, seu cliente pode ficar muito agradecido e voltar a comprar no futuro ou até mesmo recomendar a loja para parentes e amigos.

3) Ou ainda, você pode pedir para que ele escolha outro item da loja de valor um pouco inferior, para compensar a perda que você terá por receber de volta um produto com a embalagem aberta.

Não vou apontar nenhuma dessas soluções como a melhor solução. Até porque essas nem sequer são todas as possíveis soluções para esse problema. Apenas entenda que, no fim, tudo depende do que você está disposto a aceitar como **consequência**.

No primeiro caso, você não devolve o dinheiro e mantém o seu lucro no curto prazo. Mas sabe que possivelmente não fará mais negócios com esse cliente no futuro. No segundo caso, você escolhe perder dinheiro agora na expectativa de um ganho futuro. E no terceiro, tanto você quanto o cliente perdem um pouco, já que ele vai não vai estar tão satisfeito por adquirir um produto de valor inferior e nem você por ter efetuado essa troca.

Sendo assim, toda **solução** gera algum tipo de **impacto** que pode ser positivo ou negativo. Então, lembre-se de estar sempre ciente das consequências das suas ações.

Resumo

Nesse capítulo, vimos que encaramos os problemas de maneiras diferentes e que existem pelos menos cinco perfis de reação: O **Negador**, o **Caçador de culpados**, o **Mártir**, o **Apontador** e o **Solucionador**.

Vimos que precisamos nos tornar Solucionadores e não meros Apontadores. E como fazemos isso?

Primeiro, tentamos **entender** tudo o que for possível sobre a situação a ser resolvida e depois pensamos em possíveis soluções para aquele problema. Lembrando que cada solução vem com uma **consequência** atrelada, seja ela boa ou ruim.

Agora que você já sabe que para ser um bom profissional você precisa ter **organização**, saber se **comunicar** e ser um bom

solucionador de problemas, vamos entender porque é importante desenvolver competências e habilidades para progredir na carreira.

4- DESENVOLVIMENTO DE COMPETÊNCIAS

Nesse capítulo, veremos como você pode saber se está realmente na **profissão** certa e o que você pode fazer caso queira mudar de área. Além disso, veremos por que é tão importante desenvolvermos de maneira contínua nossas **competências** e **habilidades** e como podemos aliar as atividades do nosso cotidiano ao nosso aprendizado.

O que você quer ser quando crescer?

Todo mundo deve ter ouvido essa frase quando criança. Mas aí chegamos à idade adulta, levamos um choque de realidade e paramos de correr atrás do que **queríamos ser** e passamos a ser o que **dar para ser** nesse momento, porque afinal, temos boletos para pagar.

Muitas pessoas não têm ideia de por que trabalham em determinada área. Começaram ali por algum acaso e lá permaneceram, ora porque se acomodaram ora porque não acreditaram que havia opções. E o que inicialmente era para ser um trabalho **provisório** acaba se tornando uma profissão. Alguns até encontram a realização dessa forma. Outros, nem tanto.

Imagine que você começou a trabalhar com contabilidade aos dezoito anos de idade porque alguém conseguiu um emprego para você nessa área. Só que você nunca gostou muito do trabalho, mas foi ficando, porque ele ajudava a **pagar as contas** e você não conseguiu encontrar tempo suficiente para estudar outra coisa em paralelo. E agora você acredita que é muito tarde para mudar de profissão.

Essa até podia ser a realidade antigamente. Quando as pessoas se formavam em uma área e exerciam aquela profissão até o fim da vida. Mas hoje, a gente nem pode se dar muito ao luxo de achar que estaremos fazendo a mesma coisa daqui a vinte anos. Muita coisa pode mudar e a única certeza é que vamos precisar ser muito mais versáteis do que somos hoje. Dificilmente vamos trabalhar apenas com uma coisa específica, tal como é hoje, então é vital que você já vá se preparando para se adaptar ao **futuro**.

No entanto, antes de entrar em desespero, vamos pensar no que você pode fazer para alinhar o trabalho que você já faz **hoje** com o que você efetivamente quer fazer no futuro. Claro que não tem como prever exatamente como será o mundo daqui a vinte anos, mas se você está insatisfeito agora, vamos pelo menos tentar lhe guiar para a área com a qual você tem mais afinidade, ok?

Você precisará se fazer duas perguntas:

- Que tipo de trabalho eu **executo** na minha empresa?
- Que tipo de trabalho eu realmente **gostaria** de executar?

Você pode descobrir que está em uma dessas três situações:

1) Que você já está feliz com a sua profissão atual. Esse é o melhor dos mundos porque você só precisará se preocupar em se manter atualizado e relevante para o mercado.

2) Que você não está totalmente feliz com o que faz, mas o que quer fazer é algo que tem alguma relação com o que você já faz hoje. Por exemplo, você pode trabalhar atualmente com contabilidade tributária, mas preferiria trabalhar na área de departamento pessoal. Ou você pode trabalhar com finanças e perceber que tem afinidade por marketing. Por mais que essas sejam áreas distintas, você pode utilizar a **experiência que já tem** na sua área de origem e aprender as competências e habilidades que faltam para conseguir se encaixar em um cargo na área que você quer trabalhar. Em vez de pensar que isso é um ponto fraco, pense como seria legal para uma

empresa, poder contratar um profissional de marketing que também possui experiência em finanças. É provável que ele até conseguisse fazer muito mais com o dinheiro disponível para suas campanhas publicitárias.

Mas nem tudo são flores. Entenda que se você se identificou com essa situação, precisará correr atrás do que lhe falta para mudar de profissão. Talvez você não precise fazer uma nova graduação, apenas cursos técnicos, de curta duração já bastem. Mas provavelmente terá que passar um tempo no seu trabalho atual enquanto vai obtendo conhecimento sobre a sua nova área de atuação.

Se a empresa onde você trabalha possuir vagas disponíveis no setor que você quer trabalhar, é importante que você deixe claro seu interesse para que você possa ser uma opção a ser considerada. Não espere que a empresa adivinhe o que você quer ser. Combine um plano e veja se é possível fazer essa **transição**. E se não der, vá obtendo a experiência necessária enquanto procura por vagas de seu interesse.

3) E por fim, ao se fazer aquelas duas perguntinhas do início, você pode descobrir que: o que você quer ser, não tem nada a ver com o que você faz hoje. Por exemplo, você pode ser um advogado que descobriu que o seu sonho é ser fisioterapeuta.

Essa situação é parecida com a anterior, mas com a diferença de que dificilmente uma pessoa que trabalha num escritório de advocacia, conseguiria um emprego de fisioterapeuta nesse mesmo local de trabalho.

Então, você teria que empreender um esforço maior para fazer uma nova graduação, enquanto se mantem no seu emprego atual até conseguir efetuar essa transição com tranquilidade. Mas se esse é o seu caso, não desista só porque é mais difícil.

De toda forma, será melhor do que passar o resto da vida trabalhando com algo que não lhe deixa feliz. E não encare uma profissão que você abandonou como tempo perdido. Toda experiência é válida e embora você não perceba, pode até utilizar parte do aprendizado que você já tem na sua nova profissão.

E para finalizar, vamos elencar aqui alguns pontos que você deve prestar atenção na hora de decidir o que você quer fazer:

1) O que você **pode ser** versus o que é **possível ser** na sua empresa.

Veja se é possível alinhar as suas expectativas com as expectativas da empresa. Afinal, pode ser que você esteja insatisfeito com o trabalho que executa no momento, mas não necessariamente com a empresa na qual trabalha.

2) Tenha um **Plano A** e um **Plano B**.

Se onde você trabalha não há tanto espaço para crescimento, monitore o surgimento de possíveis vagas em outras empresas. Procure se informar sobre o tamanho do mercado. Será que na sua cidade há demanda por profissionais nessa área em que você quer atuar?

3) **Não atire para todos os lados**. Se no final das contas você decidiu que vai mesmo mudar de empresa, faça uma boa pesquisa sobre suas possíveis opções e quando surgir uma vaga, procure conhecer de verdade o que essa empresa faz e como é seu ambiente de trabalho.

Não é interessante mudar para um ambiente no qual você não se encaixa. Imagine que você é um não-fumante e recebe uma proposta para trabalhar numa empresa produtora de cigarros, onde as pessoas são liberadas para fumar dentro do local de trabalho.

Entenda que não é apenas a empresa que escolhe você, você também precisa decidir se ela é o local ideal para trabalhar. Na hora que a gente descobre a vaga, é normal só enxergarmos os cifrões, mas tenha em mente que dinheiro traz felicidade sim, mas só se for acompanhado de boas experiências.

A seguir, veremos por que é importante desenvolver nossas **competências e habilidades**.

Por que desenvolver competências e habilidades?

Há pessoas que pensam que após obter um diploma, não precisarão mais estudar. E infelizmente, não é bem assim. Precisamos estar sempre nos **atualizando**, pois quanto mais a gente sabe, mais a gente prospera. Então, para que ficar estagnado se você pode continuar aprendendo?

Independentemente da sua formação acadêmica, se, por exemplo, você completou o ensino médio, ou fez curso técnico ou superior, não se contente apenas com o que você viu na educação formal. Há muito conhecimento disponível que você pode utilizar para melhorar as competências e habilidades necessárias para a sua vida profissional.

E por que isso é tão importante? Sabe quando a gente tem a sensação de que fez um **trabalho bem feito**, mas não se sente **recompensado** por isso? Às vezes o problema é que temos uma percepção errada sobre o nosso trabalho. Às vezes, pode até parecer que fizemos algo genial, mas isso pode acontecer só na nossa cabeça, por estarmos limitados ao que conseguimos compreender naquele momento.

Então, é importante que você saiba do que precisa e de como pode obter conhecimento, pois assim terá um maior **poder de decisão** sobre a sua carreira.

Enumere o que você precisa. Por exemplo, faltam-lhe habilidades em informática? Você precisa melhorar seu inglês? Que outras coisas de caráter mais técnico você precisa conhecer? Faça uma **lista** e **priorize** o que você quer aprender ainda esse ano. Procure utilizar o máximo de ferramentas grátis que puder. Há muito conhecimento disponível no Youtube, em blogs, em páginas do Facebook, Linkedin, etc. Procure opções mais baratas e de curta duração, antes de se enveredar por cursos mais extensos. Se você fizer cursos de longa duração sem ter pensado muito a respeito, será mais fácil de se **arrepender** no meio do caminho.

Se você tem interesse em uma área específica, experimente pequenos cursos sobre esse assunto para sentir se você vai mesmo querer seguinte adiante. Há cursos para tudo o que você puder imaginar e com preços bem acessíveis. Hoje em dia é muito mais fácil de encontrar exatamente o que você precisa para preencher uma **lacuna** de conhecimento específica.

Procure conhecimento também em livros e revistas relacionadas à sua profissão. Converse com outros profissionais da área. Ou seja, nada de ficar acomodado pensando que a vida já está ganha, tente sempre alimentar a chama da **curiosidade**, mesmo que você tenha interesse em algo que pareça não ter a ver com o seu trabalho no momento. Entenda que todo conhecimento é válido porque ajuda a dar uma turbinada no seu cérebro.

A seguir, vamos fazer um pequeno exercício sobre o que vimos nessa seção. E a seguir, veremos como aliar **atividades** e **aprendizado**.

Tarefa: O que você precisa aprender?

*Liste as **competências**, **habilidades** e outros **conhecimentos** que podem lhe ajudar a progredir na sua carreira.*

Exemplos:

- Redigir e editar textos no Microsoft Word.

- Construir planilhas no Microsoft Excel.

- Criar apresentações impactantes no Microsoft Power Point.

- Aprender a falar em público.

- Editar imagens no Adobe Photoshop.

- Aprender a programar em HTML5.

***

Após fazer sua lista, selecione os itens que você considera **mais importantes** no momento e planeje-se para conseguir obter esse conhecimento nos próximos meses. Resista à tentação de querer fazer tudo ao mesmo tempo, foque em apenas **um** ou **dois** itens da lista.

Aliando atividades e aprendizado

É normal acharmos que existe a hora de estudar e a hora do lazer. Mas pensar assim apenas nos afasta mais dos estudos por pura preguiça de começar. Nosso cérebro não quer ter trabalho, ele só quer saber de se divertir, por isso que é tão difícil sentar e parar para estudar. Você encontrará todas as desculpas possíveis e imagináveis para atrasar seus estudos. Seja dando uma olhadinha no celular, no Facebook, vendo algum vídeo no Youtube. Então, já que sabemos que isso acontece, que tal tirarmos o máximo de proveito dessa situação?

Imagine que você se comprometeu a melhorar seu inglês, mas não consegue se concentrar para estudar por um livro. Ao mesmo tempo, há uma série que você está louco para terminar de assistir. Ora, se o idioma original dessa série for inglês, que tal assisti-la com legendas, em vez de dublada em português? Assim, você fará uma coisa que gosta e poderá exercitar uma habilidade.

Outro exemplo: se você tem algum assunto mais técnico para aprender e também está precisando estudar outro idioma, então que tal obter um livro sobre o assunto naquele idioma que você precisa praticar?

E não pense que isso se resume a estudar outra língua. Imagine que você está fazendo alguma tarefa em casa como cozinhar, lavar pratos ou lavar roupa. Que tal deixar seu celular tocando uma **vídeoaula** enquanto isso? Ou, se você anda de ônibus ou metrô, poderia adquirir **audiobooks** para ficar ouvindo durante o trajeto. Ou até mesmo ouvir **podcasts** sobre sua área de interesse enquanto se exercita, por exemplo.

Não existe apenas uma forma de aprender alguma coisa. Se você está tentando estudar lendo um livro e não está funcionando, tente encontrar **outra forma** de aprender aquele assunto. Nem todas as pessoas aprendem utilizando os mesmos estímulos. Faça com o seu aprendizado seja **divertido**. Se você estiver entediado, provavelmente não estará retendo nada do que está tentando aprender.

E por fim, se esforce para aprender algo novo **todos os dias**. Nem precisa ser algo muito grandioso. Afinal, pequenas doses diárias de conhecimento são o bastante para manter o seu cérebro alimentado e feliz.

Resumo

Nesse capítulo, vimos como você pode descobrir se está feliz com a sua **profissão** atual e o que você pode fazer caso deseje mudar de área. Vimos que aprender é um **processo contínuo** e que você precisará continuar estudando **e se aperfeiçoando** mesmo que já seja portador de um diploma de doutorado, por exemplo.

E por fim, vimos que é possível aliar **atividades** do nosso dia a dia com **aprendizado**.

CONCLUSÃO

Parabéns por ter chegado até aqui!

Você deve ter percebido que o livro é curtinho, mas vai direito ao ponto. Espero sinceramente que você consiga aplicar essas dicas no seu dia a dia.

Se você anda procrastinando muito suas tarefas e seus projetos, lembre-se de que tudo o que precisa fazer é deixar a ansiedade de lado e **começar**, mesmo que você comece errado. Pode parecer que é mais fácil falar do que fazer, mas dê uma chance, experimente. Você pode sempre revisar o que fez, mas não vai conseguir revisar algo sem nem sequer ter começado.

Crie o hábito de organizar sua **agenda** semanalmente, deixando as tarefas que forem mais **complexas** para ser realizadas no início do dia. E lembre-se de sempre deixar um tempinho livre para o caso de precisar lidar com imprevistos.

Avalie se o **meio de comunicação** que você está utilizando é o mais apropriado para cada situação. Tenha cuidado com **erros de português**, **postura defensiva** e **fofoca no trabalho**. Busque sempre ter interesse no que as pessoas estão dizendo, observe e escute de verdade.

Quando se deparar com problemas, tente saber o máximo possível sobre eles e esforce-se para ser um **Solucionador**, ou seja, a pessoa que está ali para resolver e não para complicar.

Lembre-se também que quanto mais a gente aprende, mais tem capacidade de aprender.

Não crie limitações para si mesmo, afinal, você pode ser muito mais do que você é hoje.

PALAVRAS FINAIS

Se você gostou deste livro, por favor, deixe sua avaliação na Amazon. É bem rapidinho. E caso tenha algum parente ou amigo que poderia se interessar pelo conteúdo, mas que não goste muito de ler, temos um curso online na Udemy.

Abraços e que você tenha muito sucesso na sua carreira!

SIGA A AUTORA EM:

https://facebook.com/camilacarvalhopmp

Outros livros:

De Devedor a Poupador

Finanças pessoais não se resumem a números, fórmulas e planilhas de Excel.

De Devedor a Poupador é um livro que trata do assunto de forma humanizada, com linguagem simples e objetiva. Com ele, você entenderá que existem:

- Quatro tipos de perfis financeiros.

- Três tipos de compras por impulso (e como elas afetam suas finanças).

Além disso, você verá como os meios de pagamento influenciam o aumento das suas dívidas e como você pode organizar seus gastos, para priorizá-los da forma correta.

É possível assumir o controle da sua vida financeira (e sem fórmulas mágicas).

O Hóspede

Se você curte histórias de terror psicológico, este é o conto certo para você.

Após horas viajando noite adentro, Dênis parece ter finalmente encontrado um lugar para descansar seus ossos... Mas o Hotel Áureo esconde um terrível segredo.

Livros disponíveis na Amazon.com.br.

www.ingramcontent.com/pod-product-compliance
Lightning Source LLC
Chambersburg PA
CBHW050312220526
45465CB00005B/1957